PETIT PRÉCIS
DU
BONHEUR

Du même auteur

Contre-cœur (Denoël, 1996 et Pocket, 1999)

PETIT PRÉCIS DU BONHEUR

ANNA QUINDLEN

éditions 3A

Published in the United States by Random House, Inc., New
York, and simultaneously in Canada
by Random House of Canada Limited, Toronto.
Random House and colophon are registered trademarks of
Random House, Inc.

À Janet Maslin

Je ne suis pas particulièrement qualifiée, ni par mon métier ni par mon éducation, pour donner des conseils ou des recommandations. Tout le monde le sait, du moins dans un petit cercle, je prépare une méchante sauce à la tomate et je connais de nombreuses astuces pour bien tenir un bébé pendant l'allaitement, astuces que je n'ai cependant pas eu l'occasion de mettre en pratique depuis des années. J'ai l'œil pour repérer une belle qualité de tissu ou une malencontreuse écaille de peinture, et dans mes activités secondaires d'entremetteuse, j'ai essuyé pas mal de revers, ponctués néanmoins de quelques succès.

Pour autant, je n'ai jamais passé de doctorat, ni même de maîtrise. Je ne suis ni moraliste, ni philosophe, ni spécialiste d'un domaine particulier. Chaque fois que je prononce un discours lors d'une cérémonie de remise des diplômes, je me fais un peu l'effet d'un imposteur. Mais en fin de compte, le conseil de Yogi Berra me paraît aussi valable qu'un autre : « Quand vous arrivez devant une fourche sur la route, prenez-la ! »

Je ne suis pas capable de disserter sur l'économie, l'univers ou encore l'institution universitaire, comme ses membres se plaisent à qualifier leur lieu de travail quand ils se sentent portés à une certaine grandeur. Je suis romancière. Mon travail, c'est la nature humaine. La vie réelle, c'est au fond la seule chose que je connaisse.

Ne confondez jamais les deux, votre vie et votre travail. Voilà ce que j'ai à vous dire.

Le second n'est qu'une partie de la première. Rappelez-vous ce qu'un de ses amis a écrit au sénateur Paul Tsongas lorsque celui-ci a décidé de ne pas se représenter aux élections après l'annonce de son cancer : « Aucun homme n'a jamais déclaré sur son lit de mort : “Si seulement j'avais passé plus de temps au bureau.” »

Rappelez-vous toujours aussi ces mots inscrits sur une carte postale que mon père m'a envoyée l'année dernière : « Tu auras beau te distinguer dans cette vie de fous, tu n'en resteras pas moins une folle. »

Ou ce que John Lennon a écrit avant d'être abattu à l'entrée du Dakota : « La vie, c'est ce qui vous arrive pendant que vous êtes occupé à échafauder d'autres projets. »

C'est l'unique conseil que je puisse vous offrir. Après tout, si vous observez bien les jeunes diplômés d'une promotion, vous

vous rendez compte que chacun d'eux ne possède qu'une seule chose en propre. Quand vous achevez vos études, vous découvrez que des milliers de gens ont un cursus semblable au vôtre, et quand vous décrochez un emploi, que des milliers de gens exercent le métier auquel vous aspiriez.

Mais c'est à vous, et à vous seul, qu'incombe la responsabilité de votre vie. De votre vie individuelle. De votre vie entière. Pas seulement de votre vie devant un bureau, dans un bus, au volant d'une voiture ou devant un ordinateur. Pas seulement de l'activité de votre cerveau, mais aussi de celle de votre cœur. Pas seulement de votre compte en banque, mais aussi de votre âme.

On ne parle plus beaucoup de l'âme, de nos jours. C'est tellement plus facile de

rédiger un curriculum que de se forger un bel esprit... Un curriculum ne représente pourtant qu'une piètre consolation par une nuit d'hiver, quand vous êtes triste, ou sans le sou, ou solitaire, ou quand vous venez de recevoir les résultats d'une radio pulmonaire et que les choses ne se présentent pas très bien, ou lorsque le médecin écrit : « Pronostic réservé. »

Voici mon curriculum. S'il diffère de ma biographie professionnelle, il n'en est pas moins pour moi une source de fierté :

Je suis une bonne mère pour trois bons enfants. J'ai toujours essayé de ne pas laisser mon métier constituer un obstacle à mes responsabilités de parent. Je ne me considère plus comme le centre de l'univers. Je suis là où je dois être. J'écoute. Je m'efforce de rire.

Je suis une bonne amie pour mon mari. J'ai toujours essayé de respecter la sincérité des vœux prononcés lors de mon mariage. Je suis là où je dois être. J'écoute. Je m'efforce de rire.

Je suis une bonne amie pour mes amis, comme ils le sont pour moi. Sans eux, je n'aurais rien d'intéressant à dire, car je ne serais qu'une figure de carton-pâte. Je leur téléphone, je les retrouve pour déjeuner. Je suis là où je dois être. J'écoute. Je m'efforce de rire.

Je serais mauvaise, ou au mieux médiocre, dans mon travail s'il n'y avait pas tout cela. On ne peut jamais vraiment exceller dans une activité professionnelle lorsque l'on ne se définit que par elle.

Aussi le meilleur conseil que je puisse vous donner, à mon avis, est-il des plus simples : faites quelque chose de votre vie. Faites-en une vraie vie, pas une course effrénée à la promotion, au salaire toujours

plus gros, à la maison toujours plus grande. Croyez-vous que vous y attacheriez autant d'importance si vous étiez un jour victime d'une rupture d'anévrisme, ou si vous sentiez sous vos doigts une boule suspecte ?

Faites-vous une vie qui vous rende sensible à l'odeur des embruns portés par la brise au-delà des dunes, qui vous laisse le temps d'observer une buse à queue rousse tournoyant au-dessus d'un étang et d'une pinède. Une vie qui vous donne l'occasion de remarquer le froncement de sourcils concentré de votre bébé au moment où il tente de saisir un bonbon entre le pouce et l'index.

Coupez votre téléphone portable. Votre téléphone fixe aussi, tant que vous y êtes. Gardez le silence. Soyez présent.

Faites-vous une vie d'où la solitude est bannie. Sachez vous entourer de personnes

que vous aimez et qui vous aiment. Et souvenez-vous que l'amour n'a rien d'un passe-temps ; c'est un travail. Chaque fois que je regarde mon diplôme, je me dis que je suis encore une étudiante, encore en train d'apprendre tous les jours comment se comporter en être humain. Envoyez un e-mail. Écrivez une lettre. Embrassez votre mère. Serrez votre père dans vos bras.

Faites-vous une vie où la générosité a sa place. Admirez les buissons d'azalées qui explosent en une myriade d'étoiles fuchsia au printemps ; admirez le disque argenté de la pleine lune accroché dans un ciel d'encre par une nuit froide. Prenez-en conscience : la vie est magnifique et vous ne devez pas la considérer comme allant de soi. Soyez sensible à ses bienfaits au point de vouloir les répandre autour de vous. Calculez ce que vous auriez dépensé en bières dans un

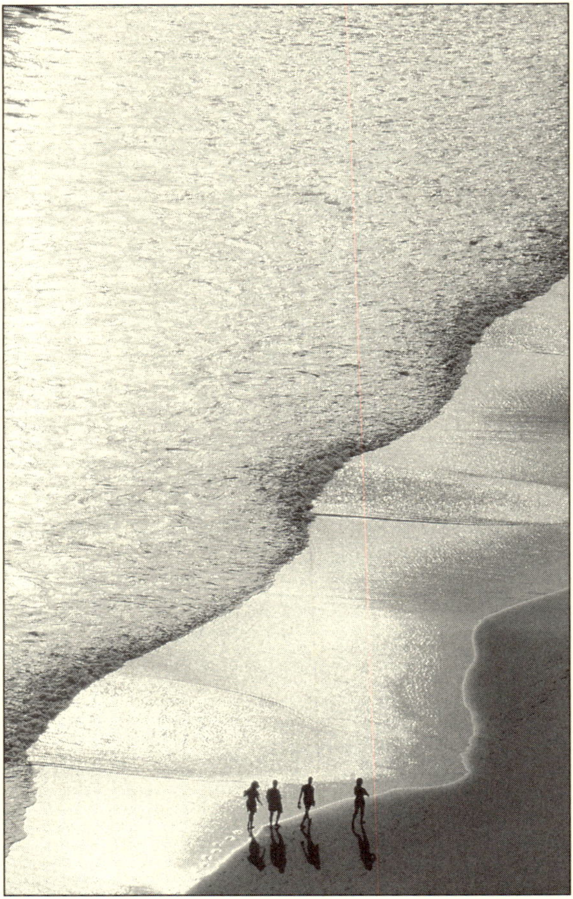

bar et envoyez cette somme aux bonnes œuvres. Proposez vos services à la soupe populaire. Donnez des cours particuliers à un écolier.

Tous autant que nous sommes, nous voulons bien faire. Mais si nous ne faisons pas également le bien, ce ne sera jamais suffisant.

Vivez en accord avec les vers de ce poème composé par Gwendolyn Brooks :

PROFITEZ PLEINEMENT DE L'INSTANT.
BIENTÔT, IL NE SERA PLUS.

QU'IL SOIT BÉNI OU BLESSANT
IL NE SAURAIT SE PRÉSENTER

DE NOUVEAU SOUS UN JOUR
IDENTIQUE.

La vie est courte. Ne l'oubliez pas.

Je l'ai toujours su. Presque toujours, du moins. Je vis avec l'idée de la mortalité depuis des décennies – depuis que ma mère a été emportée par un cancer des ovaires quand elle avait quarante ans, et moi dix-neuf. De cette expérience, j'ai retiré au moins un enseignement : la conscience de notre propre condition mortelle est le plus grand don que Dieu nous ait accordé.

Il est tellement facile de gâcher sa vie – ses journées, ses heures, ses minutes. Il est tellement facile de ne plus s'étonner devant les nouvelles pousses d'un arbre à feuillage persistant, le lustre des façades en calcaire sur la Cinquième Avenue, la couleur des yeux de nos enfants, la façon dont la ligne mélodique d'une symphonie s'enfle, diminue, disparaît puis s'enfle de nouveau. Il est tellement facile de se contenter d'exister au

lieu de vivre. À moins de comprendre qu'une horloge a entamé le compte à rebours. Combien sont-elles à avoir changé de vie lorsqu'elles ont entendu le tic-tac de l'horloge biologique et décidé d'avoir des enfants ? Ce son n'est pourtant qu'un murmure en comparaison du glas de la condition mortelle.

Peut-être en êtes-vous arrivé à éprouver des sentiments semblables aux miens. Et peut-être en êtes-vous arrivé là dans des circonstances particulièrement difficiles ou exigeantes. Vous tourniez en rond un jour en vous demandant quelle tenue choisir pour une soirée tout en vous répétant de ne pas oublier d'acheter de la litière pour chats ou de la lessive. Ensuite, vous avez pris votre douche, vous vous êtes allongé sur la table d'un médecin, ou vous avez répondu au téléphone. Et soudain, votre univers

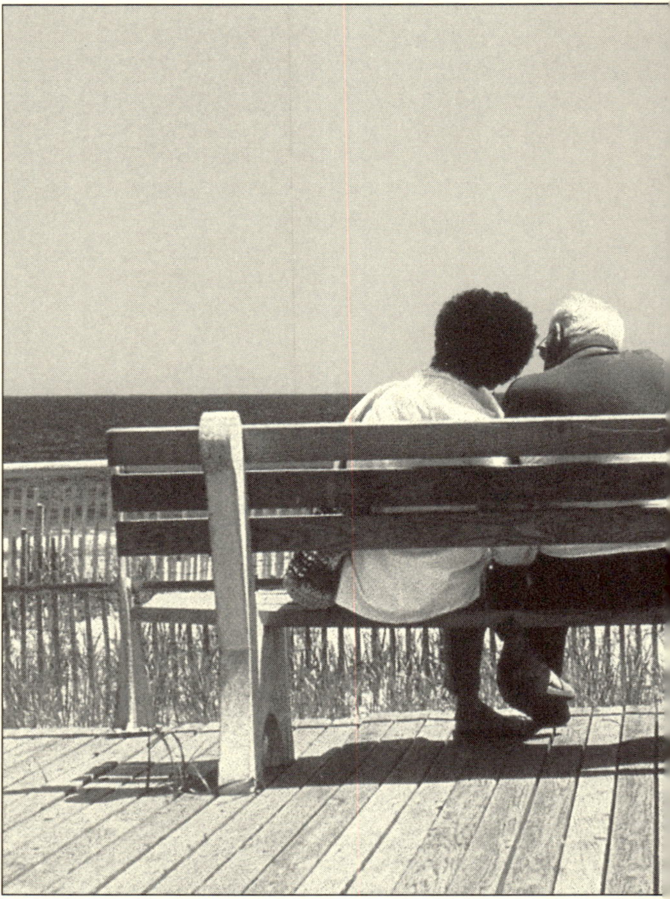

s'est retrouvé coupé en deux, comme le mien il y a des années. Une frontière s'est instaurée entre « l'avant » et « l'après ».

« L'avant », dans mon cas, correspond à mon entrée en fac, lorsque pour la première fois de ma vie j'ai pu jurer pendant les repas sans m'exposer à des réprimandes et sortir à minuit sans avoir besoin de préciser où j'allais. « L'après » se situe au début de ce qui aurait dû être ma deuxième année d'études, lorsque j'ai quitté l'université pour aller m'installer dans une HLM de banlieue où je préparais pour ma mère des pâtés de viande et des piqûres de morphine.

C'est incroyable tout ce que l'on peut apprendre en quelques mois. À l'instar de Paul, qui a eu la révélation de Dieu après être tombé de sa mule sur le chemin de Damas, j'ai connu un réveil brutal. Je ne suis pas certaine d'avoir fait à l'époque de grandes découvertes au sujet de la condition humaine, de la mort, de la douleur ou même de l'amour, et néanmoins, je me suis rendu compte au fil du temps que cette année de cauchemar m'avait fourni sur ces réalités une perspective dont, dans d'autres conditions, j'aurais été privée.

Mais pour moi, « l'avant » et « l'après » ne désignent pas seulement la période précédant la maladie de ma mère et celle suivant sa mort. Ces deux repères établissent aussi une ligne de démarcation entre une vision du monde en noir et blanc et une autre en technicolor. Mon univers s'est éclairé pour la plus sombre des raisons.

J'ai repris mes études et regardé autour de moi tous ces jeunes qui les trouvaient barbantes, qui n'étaient pas sûrs de tenir le coup et qui jugeaient la vie complètement nulle. J'ai su alors que j'avais changé en pro-

fondeur. Parce je ne serais plus jamais capable de la concevoir autrement que comme un immense cadeau.

Il me paraît ironique que nous oubliions aussi souvent combien la vie est merveilleuse, alors que nous n'avons jamais eu autant de temps à notre disposition pour nous le rappeler. Les couples des générations précédentes devaient fournir de très très longues heures de labeur pour élever de très très nombreux enfants dans des logements très très exigus. Les femmes travaillaient d'abord à l'usine ou dans des ateliers, et ensuite à la maison – subissant ainsi l'autorité de deux patrons : celui qui les payait et celui auquel elles étaient mariées, qui lui ne les payait pas.

Il y a aujourd'hui de nouveaux immigrants qui travaillent tout aussi dur, mais ceux d'entre nous qui appartiennent à

la deuxième, troisième et quatrième génération sont environnés de belles voitures, de salons confortables, de terrasses, de piscines – autant de biens matériels que nos grands-parents croyaient réservés aux riches. Et cependant, au lieu de nous en réjouir, nous trouvons encore le moyen de nous plaindre. Nos métiers exigent trop de nous sans nous rémunérer en conséquence. On nous demande d'aller chercher les enfants à la maternelle et de savoir faire fonctionner le micro-ondes à la maison.

Allons, un peu de sérieux. Nous croulons sous les richesses. La vie est belle.

Je ne donne pas à cette remarque un sens cosmique. Je n'envisage jamais ma vie, ou mon univers, dans une perspective aussi vaste. Je l'envisage plutôt à travers ses minuscules composants : les flocons de neige et les jonquilles ; la sensation procurée par l'un de mes enfants assis près de moi sur le canapé ; l'image de mon mari plongé dans sa lecture, éclairé par la lampe à côté de lui ; un bon plat de pâtes; les caramels ; *Autant en emporte le vent*, *Orgueil et préjugés*… La vie est faite de moments précieux, pareils à ces fragments de mica étincelant dans une longue allée de ciment gris. Ce serait merveilleux s'ils se manifestaient sans qu'on s'y attende, mais dans des vies aussi trépidantes que celles menées désormais par la plupart d'entre nous, cela ne risque pas de se produire. Nous devons apprendre à leur ménager un espace, à les chérir et à vivre – à vivre réellement.

J'ai appris à vivre il y a des années. Il m'est arrivé quelque chose de terrible, quelque chose qui a apporté à ma vie des changements dont, si j'avais eu le choix, je me serais

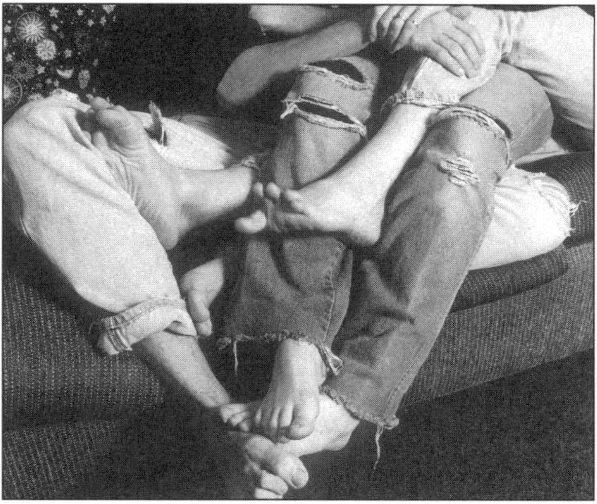

bien passée. Et la leçon donnée par ces événements m'apparaît quelquefois aujourd'hui comme la plus difficile de toutes.

J'ai appris à apprécier le voyage, sinon la destination. J'ai appris qu'il n'y avait pas de répétition générale, que le présent était la seule garantie dont nous disposions.

J'ai appris à ne pas négliger le bien autour de moi et à m'efforcer de le rendre, car c'est une valeur à laquelle j'adhère profondément, entièrement. Je m'y suis efforcée, entre autres, en parlant aux gens de mon expérience. Je leur ai dit ceci : Observez les lys dans les prés. Regardez le duvet sur l'oreille d'un bébé. Installez-vous dans votre jardin pour lire au soleil. Apprenez à être heureux. Et pensez à votre journée comme si c'était la dernière, vous la vivrez avec joie et passion, telle qu'elle devrait être vécue.

Ce savoir, tout le monde peut l'acquérir dans le quotidien. Il suffit de vouloir faire quelque chose de sa vie ; de vouloir une vraie vie, une vie bien remplie, une vie professionnelle aussi, d'accord, mais pas au détriment du reste. L'école n'est jamais finie. La salle de classe est partout. L'examen n'a lieu qu'en fin de parcours. « Aucun homme n'a jamais déclaré sur son lit de mort : "Si seulement j'avais passé plus de temps au bureau." »

J'ai rencontré un de mes meilleurs professeurs il y a des années, sur le ponton de Coney Island. C'était en décembre, et je préparais un article sur les épreuves endurées par les sans-abri pendant les mois d'hiver. Lui et moi, nous nous sommes assis au bord des planches, laissant nos pieds se balancer dans le vide, et il m'a parlé de ses activités : faire la manche sur le boulevard

déserté par la foule des estivants, dormir dans une église quand la température descendait en dessous de zéro, échapper à la police en se cachant parmi les manèges saisonniers.

Mais la plupart du temps, m'a-t-il confié, il restait sur le ponton, en face de l'eau, exactement comme nous en ces instants, même quand le froid l'obligeait à se couvrir de ses journaux après les avoir lus. Je lui ai demandé pourquoi. Pourquoi ne couchait-il pas dans un centre d'accueil? Pourquoi ne suivait-il pas une cure de désintoxication à l'hôpital ?

Alors, il a regardé l'océan avant de répondre : « Admirez la vue, jeune dame. Admirez la vue. »

C'est ainsi que tous les jours, modestement, j'essaie de faire ce qu'il m'a dit. J'essaie d'admirer la vue. Rien de plus. Je me remémore ces paroles de sagesse émanant d'un homme sans un sou en poche, qui n'avait nulle part où aller, nulle place à occuper. Admirez la vue. Lorsque je le fais, je ne suis jamais déçue.

Crédits photo
Petit précis du bonheur

8 : Bettmann / Corbis
11 : Kelly-Mooney / Corbis
12 : Hulton Getty / Stone
14-15 : Bettmann / Corbis
17 : Margaret Ely / Swanstock / Image Bank
18-19 : FPG International
20 : David Zickl / Swanstock / Image Bank
23 : E.O. Hoppé / Corbis
24-25 : Bullaty / Lomeo / Image Bank
27 : George Forss, Cambridge, N.Y.
28 : Gandee Vasan / Stone
30 : Luis Veiga / Image Bank
33 : Dennis Stock / Magnum Photos
34 : David Muench / Corbis
36-37 : David Troncoso / nonstock
38 : FPG International
41 : Carol Vanselow / Swanstock / Image Bank
42-43 : Adam Jahiel / Swanstock / Image Bank
45 : Peter Zander / nonstock
46 : Dewitt Jones / Corbis
49 : Jean Schnell / nonstock
50 : Hulton Getty / Stone
53 : Paul Kaye ; Cordaiy Photo Library Ltd. / Corbis
54-55 : Christian Lichtenberg / nonstock

Recherche iconographique : Sarah Longacre

Ouvrage imprimé par Pollina
pour le compte des Éditions 84
84, rue de Grenelle, 75007 Paris
N° d'édition : 5055

Diffusion France et étranger : Flammarion

Achevé d'imprimer : octobre 2001
N° d'impression : 84808
ISBN : 2-290-31656-3